AF498204

ARREST DE LA COVR DES MONNOYES,

Portant décry des Pieces de cinq sols nouuellement fabriquées en la Monnoye d'Auignon, Ensemble les Liards & Doubles tournois fabriquez tant en ladite Ville, qu'en celles de Dombes, Orange, Sedan, Charleuille, Cugnon, Henrichmont, & Stenay.

A PARIS,

Chez Sebastien Cramoisy Imprimeur ordinaire du Roy, & de la Cour des Monnoyes, ruë S. Iacques, aux Cicognes.

M. DC. XXXVII.

Auec Priuilege de sa Majesté.

EXTRAICT DES
Regiſtres de la Cour des Monnoyes.

SVR ce que le Procureur gene‑ral a remonſtré à la Cour, que le Roy ayant par ſes Lettres de Declaration du vingt‑cinquieſme Iuin mil ſix cens trente ſix donné cours pour vn temps aux Eſpeces de monnoyes de billon faites en Auignon, eſtans du poids

A ij

de deux deniers neuf grains,
pour le prix de cinq fols
tournois ; certains particu-
liers ont de là pris occafion
de faire ouurer en ladite
Ville autres Efpeces de monnoye de forme & figure
femblables , icelles toutes-
fois affoiblies d'vne quatriefme partie de poids de
celles dont le cours a efté
permis par fadite Majefté ;
lefdites pieces dernieres fabriquées portans les mile-
fiefmes de mil fix cens trente fix & trente fept ; def-
quelles monnoyes ainfi affoiblies lefdits Billonneurs

font faire les enuoys & l'ex-
pofition confufément dans
toutes les Prouinces de ce
Royaume, pour mefme prix
que les autres qui font per-
mifes, au grand preiudice du
Public. Que mefmes en la-
dite ville d'Auignon , en
celles de Dombes & Oran-
ge , font eftablies depuis
quelque temps des Fabri-
ques de Liards & Doubles
tournois : Et en celles de
Sedan , Charleuille , Cugnon, Henrichmont, & Ste-
nay , font auffi fabriquez
grande quantité d'autres
Doubles tres-defectueux ,

tant en leur poids qu'en la qualité de leur matiere ; toutes lefquelles Efpeces , & autres de faux Liards fabriquez dans le Quercy (vulgairement nommez Pied - guailloux , du nom de leur Fabricateur ;) Autres non meilleures me - nuës monnoyes portans vne Croix d'vn cofté , & de l'autre des Clefs croifées , fur - nommez Pierroux , font faites & enuoyées par tout le Royaume , & com - mencent à auoir cours con - tre les décrys d'icelles , & les defenfes portées par les

Arrests de ladite Cour, qui
ont esté publiez & enuoyez
par tout le Royaume ; ce
qui cause vn billonnement
intolerable , & le transport
du plus pur Or & Argent
desdites Prouinces, tres-pre-
iudiciable au bien du ser-
uice du Roy & de cét Estat.
REQVERANT en conse-
quence , & conformément
aux precedents Arrests, qu'il
pleust à ladite Cour ordon-
ner, que lesdites Pieces de
cinq sols d'Auignon de nou-
uelle fabrique , & toutes les
susdites menuës monnoyes
seront de nouueau décriées,

& defenſes faites d'en expo-
ſer par cy-apres ſur peine de
confiſcation d'icelles, & des
marchandiſes emballées &
voicturées auec leſdites Eſpeces, & d'amende arbitraire contre ceux qui les auront tranſportées, ou fait
tranſporter. Que ceux qui
en auront ſeront tenus les
porter aux Fermiers des
Monnoyes du Roy, pour
leur en eſtre baillé la iuſte
valeur; & qu'il ſera informé contre les Subjets de ſa
Majeſté, qui ont fabriqué
ou fait fabriquer, & bil-
lonnent leſdites monnoyes,
leurs

leurs Affociez , & autres
traffiquans d'icelles , pour
eftre contre iceux procedé
fuiuant la rigueur des Edicts,
& defdits Arrefts. LA
COVR a ordonné & or-
donne , que les Pieces de
cinq fols nouuellement fabriquées en ladite Monnoye
d'Auignon : Enfemble les
Liards & Doubles tournois
faicts tant en ladite Ville, qu'en celles de Dombes,
Orange , Sedan , Charle-
uille , Cugnon , Henrich-
mont, & Stenay, feront décriées de tout cours & mifes : A faict & fait inhibi-

tions & defenses à toutes
perfonnes de quelque qua-
lité & condition qu'ils foient
faire tranfporter ni expofer
defdites Efpeces en aucuns
lieux de ce Royaume , à
peine de confifcation d'icelles , des marchandifes qui
fe trouuerront emballées
auec lefdites Efpeces , che-
uaux & charettes qui en feront chargées, & d'amende
arbitraire. Enioint à tous
ceux qui auront defdites
Efpeces en leur poffeffion
de les porter dans huictaine
du iour de la publication
du prefent Arreft, aux Mai-

ſtres des Monnoyes de ce Royaume, qui ſeront tenus leur en bailler la iuſte valeur. Ordonne qu'il ſera informé contre les Subjets du Roy qui ont fabriqué, tranſporté, & billonné leſdites Eſpeces, leurs Aſſociez, & autres traffiquans d'icelles, pour eſtre procedé contre eux ſuiuant les Ordonnances, & ce par le premier des Preſidens ou Conſeillers generaux trouué ſur les lieux, & en leur abſence par les Generaux Prouinciaux, & Gardes des Monnoyes, ou autres Iuges

Royaux fur ce requis. FAIT
en la Cour des Monnoyes
le vingt quatriefme d'Auril
mil fix cens trente fept.
Signé, DELAISTRE.

Enfuit le prix que les Maiftres
des Monnoyes & Changeurs fe-
ront tenus donner au Peuple, tous
falaires de Change & Affinage
déduits & rabattus, des Pieces de
cinq fols nouuellement fabriquées
en ladite Monnoye d'Auignon;
enfemble defdits Liards.

Pieces de cinq fols d'Auignon.

Le marc	xxj. l. iij. f. vj. d.
L'once	lij. f. xj. d. pite.
Le gros	vj. f. vij. d.
Le denier	ij. f. vj. d.

L'an mil six cens trente-sept, le 13.
iour de May, l'Arrest de la Cour des
Monnoyes contenu cy-dessus, a esté leu
& publié à son de trompe & cry public
aux Carrefours & autres lieux ordi-
naires de cette ville de Paris, en la
presence de nous Nicolas Lambert, Iacques Blondel, & Michel Rebours,
Huissiers en la Cour des Monnoyes sous-
signez, par Simon le Duc Iuré Crieur
en ladite ville, Preuosté & Vicomté de
Paris, accompagné de   Noi-
ret Iuré Trompette, & de deux autres
Trompettes, à ce qu'aucun n'en preten-
de cause d'ignorance. Signé Lambert:
Blondel, & Rebours.

Collationné à l'original par moy Conseiller
& Secretaire du Roy, Maison & Cou-
ronne de France & de ses Finances, Gref-
fier en chef en la Cour des Monnoyes,
soubs-signé.